Recursos para el estud... ...ughton
...fflin
...rcourt

GO MATH!
¡VIVAN LAS MATEMÁTICAS!

INCLUYE
- Autores del programa
- Contenido
- Glosario ilustrado
- Correlación de los Estándares estatales comunes
- Índice

Hecho en los Estados Unidos.
Impreso en papel reciclado

GO MATH!
¡VIVAN LAS MATEMÁTICAS!

Copyright © by Houghton Mifflin Harcourt Publishing Company

All rights reserved. No part of this work may be reproduced or transmitted in any form or by any means, electronic or mechanical, including photocopying or recording, or by any information storage or retrieval system, without the prior written permission of the copyright owner unless such copying is expressly permitted by federal copyright law.

Permission is hereby granted to individuals using the corresponding student's textbook or kit as the major vehicle for regular classroom instruction to photocopy entire pages from this publication in classroom quantities for instructional use and not for resale. Requests for information on other matters regarding duplication of this work should be addressed to Houghton Mifflin Harcourt Publishing Company, Attn: Intellectual Property Licensing, 9400 Southpark Center Loop, Orlando, Florida 32819-8647.

Common Core State Standards © Copyright 2010. National Governors Association Center for Best Practices and Council of Chief State School Officers. All rights reserved.

This product is not sponsored or endorsed by the Common Core State Standards Initiative of the National Governors Association Center for Best Practices and the Council of Chief State School Officers.

Printed in the U.S.A.

ISBN 978-0-544-67825-5

3 4 5 6 7 8 9 10   0928   24 23 22 21 20 19 18 17

4500651353   ^ B C D E F G

If you have received these materials as examination copies free of charge, Houghton Mifflin Harcourt Publishing Company retains title to the materials and they may not be resold. Resale of examination copies is strictly prohibited.

Possession of this publication in print format does not entitle users to convert this publication, or any portion of it, into electronic format.

Estimados estudiantes y familiares:

Bienvenidos a **Go Math! ¡Vivan las matemáticas!** para 2do. grado. En este estimulante programa de matemáticas, encontrarán actividades prácticas y problemas de la vida diaria que tendrán que resolver. Y lo mejor de todo es que podrán escribir sus ideas y respuestas directamente en el libro. El hecho de que puedan escribir y dibujar en las páginas, les ayudará a percibir más detalladamente lo que están aprendiendo y las matemáticas serán fáciles de entender.

También deseamos compartir con ustedes algo muy importante: se ha usado papel reciclado en la impresión de este libro. Queremos que sepan que al participar en el programa **Go Math! ¡Vivan las matemáticas!** ustedes estarán ayudando a proteger el medio ambiente.

Atentamente,
Los autores

Hecho en los Estados Unidos
Impreso en papel reciclado.

GO MATH!
¡VIVAN LAS MATEMÁTICAS!

Autores

Juli K. Dixon, Ph.D.
Professor, Mathematics Education
University of Central Florida
Orlando, Florida

Edward B. Burger, Ph.D.
President, Southwestern University
Georgetown, Texas

Steven J. Leinwand
Principal Research Analyst
American Institutes for
 Research (AIR)
Washington, D.C.

Matthew R. Larson, Ph.D.
K-12 Curriculum Specialist for
 Mathematics
Lincoln Public Schools
Lincoln, Nebraska

Martha E. Sandoval-Martinez
Math Instructor
El Camino College
Torrance, California

Consultores de English Language Learners

Elizabeth Jiménez
CEO, GEMAS Consulting
Professional Expert on English
 Learner Education
Bilingual Education and
 Dual Language
Pomona, California

Colaboradora

Rena Petrello
Professor, Mathematics
Moorpark College
Moorpark, California

Contenido

Contenido de la edición del estudiante	v
Glosario	H1
Estándares estatales comunes	H11
Índice	H17

Sentido numérico y valor posicional

Área de atención Ampliar la comprensión de la notación en base diez

Librito de vocabulario Ballenas 1

1 Conceptos numéricos 9

Áreas Operaciones y pensamiento algebraico
Números y operaciones en base diez
ESTÁNDARES ESTATALES COMUNES 2.0A.C.3, 2NBT.A.2, 2NBT.A.3

✓	Muestra lo que sabes	10
	Desarrollo del vocabulario	11
	Juego: Tres en línea	12
1	**Manos a la obra: Álgebra** • Números pares e impares .	13
2	**Álgebra** • Representar números pares	19
3	Comprender el valor posicional	25
4	Forma desarrollada	31
5	Diferentes maneras de escribir números	37
✓	**Revisión de la mitad del capítulo**	40
6	**Álgebra** • Diferentes maneras de mostrar números . . .	43
7	**Resolución de problemas** • Decenas y unidades	49
8	Patrones de conteo hasta 100	55
9	Patrones de conteo hasta el 1,000	61
✓	**Repaso y prueba del Capítulo 1**	67

Área de atención

APRENDE EN LÍNEA

¡Visítanos en Internet! Tus lecciones de matemáticas son interactivas. Usa iTools, Modelos matemáticos animados y el Glosario multimedia, entre otros.

Presentación del Capítulo 1

En este capítulo, explorarás y descubrirás las respuestas a las siguientes **Preguntas esenciales**:

- ¿Cómo usas el valor posicional para hallar y describir los números de diferentes formas?
- ¿Cómo sabes el valor de un dígito?
- ¿De qué maneras se puede mostrar un número?
- ¿Cómo cuentas de 1 en 1, de 5 en 5, de 10 en 10 y de 100 en 100?

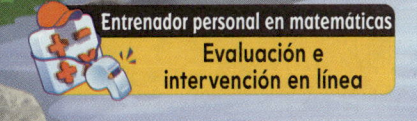

Entrenador personal en matemáticas
Evaluación e intervención en línea

v

2 Números hasta el 1,000 — 71

Área Números y operaciones en base diez
ESTÁNDARES ESTATALES COMUNES 2.NBT.A.1, 2.NBT.A.1a, 2.NBT.A.1b, 2.NBT.A.3, 2.NBT.A.4, 2.NBT.B.8

✓ **Muestra lo que sabes** 72
   Desarrollo del vocabulario 73
   Juego: Pesca de dígitos. 74
1 Agrupar decenas en centenas 75
2 Explorar números de 3 dígitos 81
3 **Manos a la obra** • Hacer un modelo de
   números de 3 dígitos 87
4 Centenas, decenas y unidades 93
5 Valor posicional hasta el 1,000 99
6 Nombres de los números 105
7 Diferentes formas de los números 111
✓ **Revisión de la mitad del capítulo** 114
8 **Álgebra** • Diferentes maneras de mostrar números . . . 117
9 Contar hacia adelante y hacia atrás de
   10 en 10 y de 100 en 100 123
10 **Álgebra** • Patrones numéricos 129
11 **Resolución de problemas** • Comparar números 135
12 **Álgebra** • Comparar números 141
✓ **Repaso y prueba del Capítulo 2** 147

Presentación del Capítulo 2

En este capítulo, explorarás y descubrirás las respuestas a las siguientes
Preguntas esenciales:

- ¿Cómo puedes usar el valor posicional para hacer un modelo, escribir y comparar números de 3 dígitos?
- ¿Cómo puedes usar bloques parar mostrar un números de 3 dígitos?
- ¿Cómo puedes escribir un número de 3 dígitos de maneras diferentes?
- ¿Cómo te puede ayudar el valor posicional a comparar números de 3 dígitos?

Práctica y tarea

Repaso de la lección y Repaso en espiral en cada lección

Suma y resta

Estándares comunes — **Área de atención** Desarrollar la fluidez con la suma y la resta

Librito de vocabulario Todo sobre los animales 151

3 Operaciones básicas y relaciones — 159

Área Operaciones y pensamiento algebraico
ESTÁNDARES ESTATALES COMUNES 2.OA.A.1, 2.OA.B.2, 2.OA.C.4

✓ Muestra lo que sabes 160
Desarrollo del vocabulario 161
Juego: En busca de la oruga 162
1 Usar operaciones de dobles 163
2 Practicar operaciones de suma 169
3 Álgebra • Formar una decena para sumar 175
4 Álgebra • Sumar 3 sumandos 181
5 Álgebra • Relacionar la suma y la resta 187
6 Practicar operaciones de resta 193
✓ Revisión de la mitad del capítulo 196
7 Restar usando una decena 199
8 Álgebra • Hacer dibujos para representar problemas 205
9 Álgebra • Usar ecuaciones para representar problemas 211
10 Resolución de problemas • Grupos iguales 217
11 Álgebra • Suma repetida 223
✓ Repaso y prueba del Capítulo 3 229

Área de atención

APRENDE EN LÍNEA

¡Aprende en línea! Tus lecciones de matemáticas son interactivas. Usa iTools, Modelos matemáticos animados y el Glosario multimedia entre otros.

Presentación del Capítulo 3

En este capítulo, explorarás y descubrirás las respuestas a las siguientes **Preguntas esenciales**:

- ¿Cómo puedes usar patrones y estrategias para hallar la suma y la diferencia de operaciones básicas?
- ¿Cuáles son las estrategias para recordar las operaciones de suma y de resta?
- ¿Cómo están relacionadas la suma y la resta?

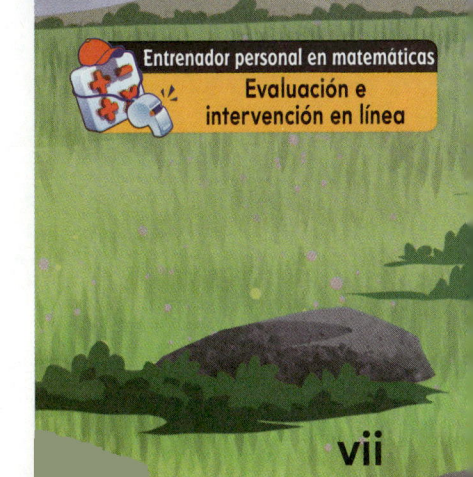

Entrenador personal en matemáticas
Evaluación e intervención en línea

vii

Presentación del Capítulo 4

En este capítulo, explorarás y descubrirás las respuestas a las siguientes **Preguntas esenciales**:

- ¿Cómo usas el valor posicional para sumar números de 2 dígitos y de qué formas se pueden sumar números de 2 dígitos?
- ¿Cómo formas una decena con un sumando para ayudarte a resolver un problema de suma?
- ¿Cómo anotas los pasos al sumar números de 2 dígitos?
- ¿De qué formas se pueden sumar 3 números o 4 números?

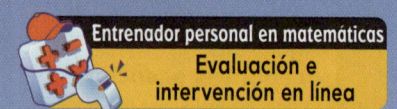

Entrenador personal en matemáticas
Evaluación e intervención en línea

Práctica y tarea
Repaso de la lección y Repaso en espiral en cada lección

4 Suma de 2 dígitos — 233

Área Operaciones y pensamiento algebraico
Números y operaciones en base diez
ESTÁNDARES ESTATALES COMUNES 2.0A.A.1, 2.NBT.B.5, 2.NBT.B.6, 2.NBT.B.9

✓ **Muestra lo que sabes** 234
  Desarrollo del vocabulario 235
  Juego: ¿Cuál es la suma? 236
1 Separar unidades para sumar 237
2 Hacer una compensación 243
3 Separar los sumandos en decenas y unidades 249
4 Reagrupar modelos para sumar 255
5 Hacer un modelo y anotar sumas de 2 dígitos. 261
6 Suma de 2 dígitos 267
7 Practicar sumas de 2 dígitos 273
✓ **Revisión de la mitad del capítulo** 276
8 Reescribir sumas de 2 dígitos 279
9 **Resolución de problemas** • La suma 285
10 **Álgebra** • Escribir ecuaciones para representar la suma 291
11 **Álgebra** • Hallar la suma de 3 sumandos 297
12 **Álgebra** • Hallar la suma de 4 sumandos 303
✓ **Repaso y prueba del Capítulo 4** 309

viii

5 Resta de 2 dígitos — 313

Áreas Operaciones y pensamiento algebraico
Números y operaciones en base diez
ESTÁNDARES ESTATALES COMUNES 2.OA.A.1, 2.NBT.B.5

✓ **Muestra lo que sabes** 314
   Desarrollo del vocabulario 315
   Juego: Búsqueda de restas 316
1 Álgebra • Separar unidades para restar 317
2 Álgebra • Separar números para restar 323
3 Reagrupar modelos para restar. 329
4 Hacer un modelo y anotar restas de 2 dígitos. 335
5 Resta de 2 dígitos 341
6 Practicar la resta de 2 dígitos 347
✓ **Revisión de la mitad del capítulo** 350
7 Reescribir restas de 2 dígitos 353
8 Sumar para hallar diferencias 359
9 **Resolución de problemas** • La resta 365
10 Álgebra • Escribir ecuaciones para
   representar la resta. 371
11 Resolver problemas de varios pasos 377
✓ **Repaso y prueba del Capítulo 5** 383

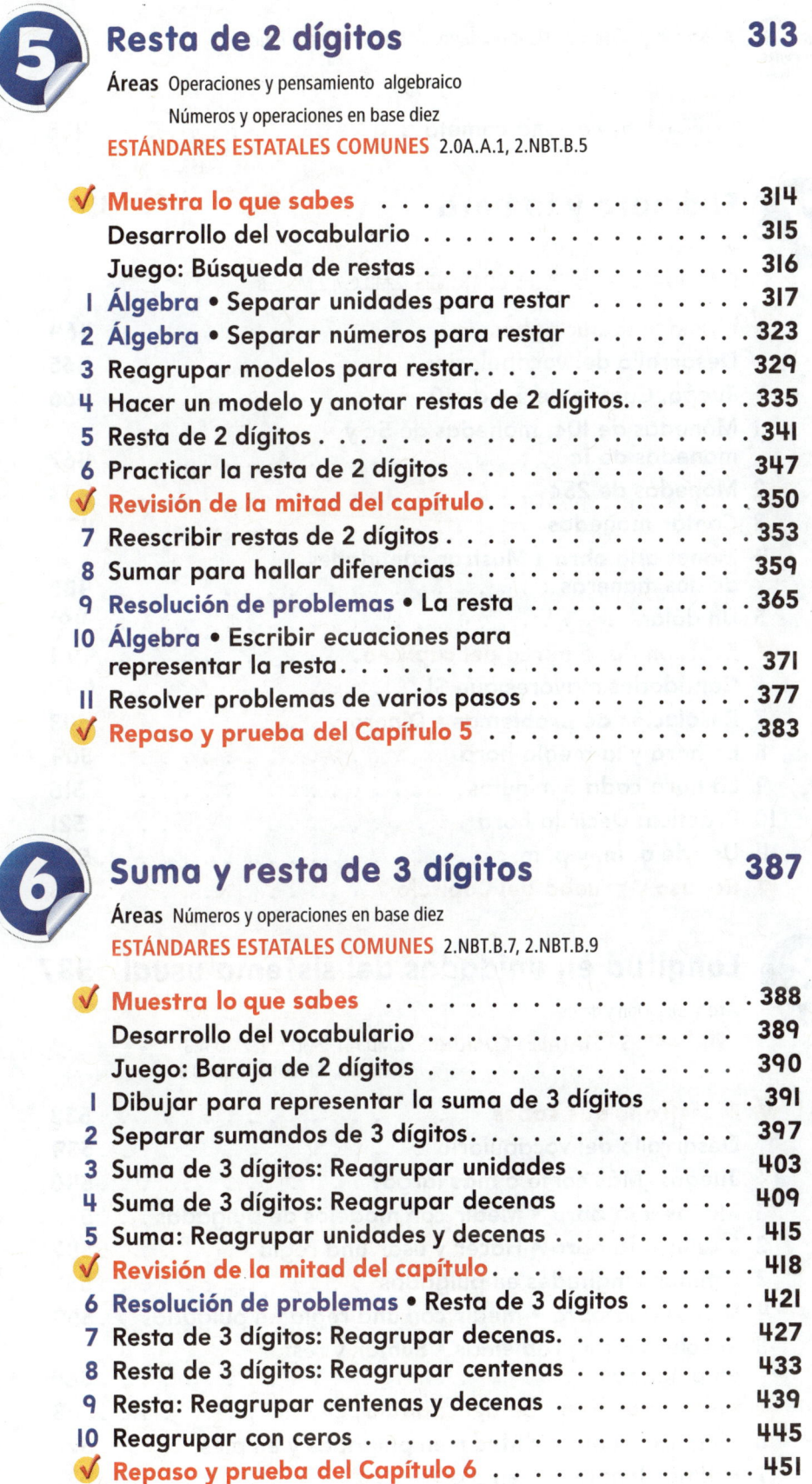

Presentación del Capítulo 5

En este capítulo, explorarás y descubrirás las respuestas a las siguientes
Preguntas esenciales:
- ¿Cómo usas el valor posicional para restar números de 2 dígitos con o sin reagrupación?
- ¿Cómo puedes separar números para ayudarte a resolver un problema de resta?
- ¿Qué pasos usas para resolver problemas de resta de 2 dígitos?
- ¿De qué formas puedes hacer un modelo, mostrar y resolver problemas de resta?

6 Suma y resta de 3 dígitos — 387

Áreas Números y operaciones en base diez
ESTÁNDARES ESTATALES COMUNES 2.NBT.B.7, 2.NBT.B.9

✓ **Muestra lo que sabes** 388
   Desarrollo del vocabulario 389
   Juego: Baraja de 2 dígitos 390
1 Dibujar para representar la suma de 3 dígitos 391
2 Separar sumandos de 3 dígitos. 397
3 Suma de 3 dígitos: Reagrupar unidades 403
4 Suma de 3 dígitos: Reagrupar decenas 409
5 Suma: Reagrupar unidades y decenas 415
✓ **Revisión de la mitad del capítulo** 418
6 **Resolución de problemas** • Resta de 3 dígitos . . 421
7 Resta de 3 dígitos: Reagrupar decenas. 427
8 Resta de 3 dígitos: Reagrupar centenas 433
9 Resta: Reagrupar centenas y decenas 439
10 Reagrupar con ceros 445
✓ **Repaso y prueba del Capítulo 6** 451

Presentación del Capítulo 6

En este capítulo, explorarás y descubrirás las respuestas a las siguientes
Preguntas esenciales:
- ¿Cuáles son algunas estrategias para sumar y restar números de 3 dígitos?
- ¿Cuáles son los pasos para hallar la suma en un problema de suma de 3 dígitos?
- ¿Cuáles son los pasos para hallar la diferencia en un problema de resta de 3 dígitos?
- ¿Cuándo necesitas reagrupar?

Área de atención

¡Aprende en línea!
Tus lecciones de matemáticas son interactivas. Usa iTools, Modelos matemáticos animados y el Glosario multimedia entre otros.

Presentación del Capítulo 7

En este capítulo, explorarás y descubrirás las respuestas a las siguientes **Preguntas esenciales:**

- ¿Cómo usas el valor de las monedas y los billetes para hallar el valor total de un grupo y cómo lees la hora que muestran los relojes analógicos y los relojes digitales?
- ¿Cuáles son los nombres y los valores de las diferentes monedas?
- ¿Cómo sabes la hora que muestra un reloj observando las manecillas del reloj?

Presentación del Capítulo 8

En este capítulo, explorarás y descubrirás las respuestas a las siguientes **Preguntas esenciales:**

- ¿Cuáles son algunos métodos e instrumentos que se pueden usar para estimar y medir la longitud?
- ¿Qué instrumentos se pueden usar para medir la longitud y cómo los usas?
- ¿Qué unidades se pueden usar para medir la longitud y en qué se diferencian?
- ¿Cómo puedes estimar la longitud de un objeto?

Medición y datos

Área de atención Usar unidades estándares de medida

Librito de vocabulario Hacer una cometa 455

7 El dinero y la hora 463

Área Medición y datos
ESTÁNDARES ESTATALES COMUNES 2.MD.C.7, 2.MD.C.8

✓ Muestra lo que sabes 464
  Desarrollo del vocabulario 465
  Juego: Conteo de 5 y de 10 466
1 Monedas de 10¢, monedas de 5¢ y monedas de 1¢ 467
2 Monedas de 25¢ 473
3 Contar monedas 479
4 Manos a la obra • Mostrar cantidades de dos maneras 485
5 Un dólar 491
✓ Revisión de la mitad del capítulo 494
6 Cantidades mayores que $1 497
7 Resolución de problemas • Dinero 503
8 La hora y la media hora 509
9 La hora cada 5 minutos 515
10 Práctica: Decir la hora 521
11 Uso de a. m. y p. m. 527
✓ Repaso y prueba del Capítulo 7 533

8 Longitud en unidades del sistema usual 537

Área Medición y datos
ESTÁNDARES ESTATALES COMUNES 2.MD.A.1, 2MD.A.2, 2MD.A.3, 2.MD.B.5, 2.MD.B.6, 2.MD.D.9

✓ Muestra lo que sabes 538
  Desarrollo del vocabulario 539
  Juego: ¿Más corto o más largo? 540
1 Manos a la obra • Medir con modelos de pulgadas . . 541
2 Manos a la obra • Hacer y usar una regla 547
3 Estimar longitudes en pulgadas 553
4 Manos a la obra • Medir con una regla en pulgadas . 559
5 Resolución de problemas • Sumar y restar en pulgadas 565
✓ Revisión de la mitad del capítulo 568
6 Manos a la obra • Medir en pulgadas y en pies . . . 571
7 Estimar longitudes en pies 577
8 Elegir un instrumento 583
9 Mostrar datos de medida 589
✓ Repaso y prueba del Capítulo 8 595

9. Longitud en unidades métricas — 599

Área Medición y datos
ESTÁNDARES ESTATALES COMUNES 2.MD.A.1, 2.MD.A.2, 2.MD.A.3, 2.MD.A.4, 2.MD.B.5, 2.MD.B.6

- ✓ Muestra lo que sabes 600
- Desarrollo del vocabulario 601
- Juegos: Estimar la longitud 602
- 1 **Manos a la obra** • Medir con un modelo de un centímetro 603
- 2 Estimar longitudes en centímetros 609
- 3 **Manos a la obra** • Medir con una regla en centímetros 615
- 4 **Resolución de problemas** • Sumar y restar longitudes 621
- ✓ Revisión de la mitad del capítulo 624
- 5 **Manos a la obra** • Centímetros y metros ... 627
- 6 Estimar la longitud en metros 633
- 7 **Manos a la obra** • Medir y comparar longitudes ... 639
- ✓ Repaso y prueba del Capítulo 9 645

Presentación del Capítulo 9

En este capítulo, explorarás y descubrirás las respuestas a las siguientes
Preguntas esenciales:
- ¿Cuáles son algunos métodos e instrumentos que se pueden usar para estimar y medir la longitud en unidades métricas?
- ¿Qué instrumentos se pueden usar para medir la longitud en unidades métricas y cómo los usas?
- ¿Qué unidades métricas se pueden usar para medir la longitud y en qué se diferencian?
- Si conoces la longitud de un objeto, ¿cómo puedes estimar la longitud de otro objeto?

10. Datos — 649

Área Medición y datos
ESTÁNDARES ESTATALES COMUNES 2.MD.D.10

- ✓ Muestra lo que sabes 650
- Desarrollo del vocabulario 651
- Juego: Formar decenas 652
- 1 Reunir datos 653
- 2 Leer pictografías 659
- 3 Hacer pictografías 665
- ✓ Revisión de la mitad del capítulo 668
- 4 Leer gráficas de barras 671
- 5 Hacer gráficas de barras 677
- 6 **Resolución de problemas** • Mostrar datos ... 683
- ✓ Repaso y prueba del Capítulo 10 689

Práctica y tarea

Repaso de la lección y Repaso en espiral en cada lección

Presentación del Capítulo 10

En este capítulo, explorarás y descubrirás las respuestas a las siguientes
Preguntas esenciales:
- ¿Cómo te ayudan las tablas de conteo, las pictografías y las gráficas de barras a resolver problemas?
- ¿Cómo se usan las marcas de conteo para anotar los datos de una encuesta?
- ¿Cómo se hace una pictografías?
- ¿Cómo sabes qué representan las barras de una gráfica de barras?

Área de atención

¡Aprende en línea! Tus lecciones de matemáticas son interactivas. Usa iTools, Modelos matemáticos animados y el Glosario multimedia entre otros.

Resumen del Capítulo 11

En este capítulo, explorarás y descubrirás las respuestas a las siguientes **Preguntas esenciales**:

- ¿Cuáles son algunas figuras bidimensionales y tridimensionales?
- ¿Cómo puedes mostrar las partes iguales de las figuras?
- ¿Cómo puedes describir algunas figuras bidimensionales y tridimensionales?
- ¿Cómo puedes describir figuras o partes iguales?

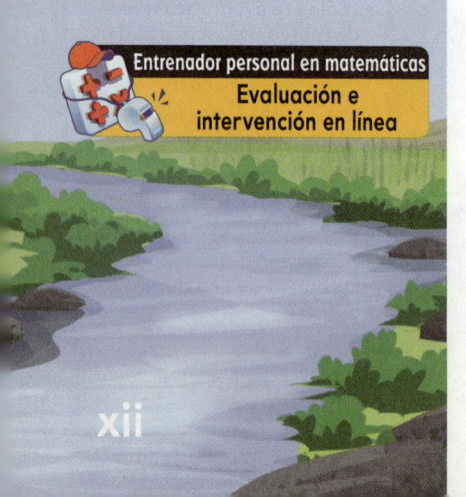

Entrenador personal en matemáticas Evaluación e intervención en línea

Geometría y fracciones

Área de atención Describir y analizar las formas

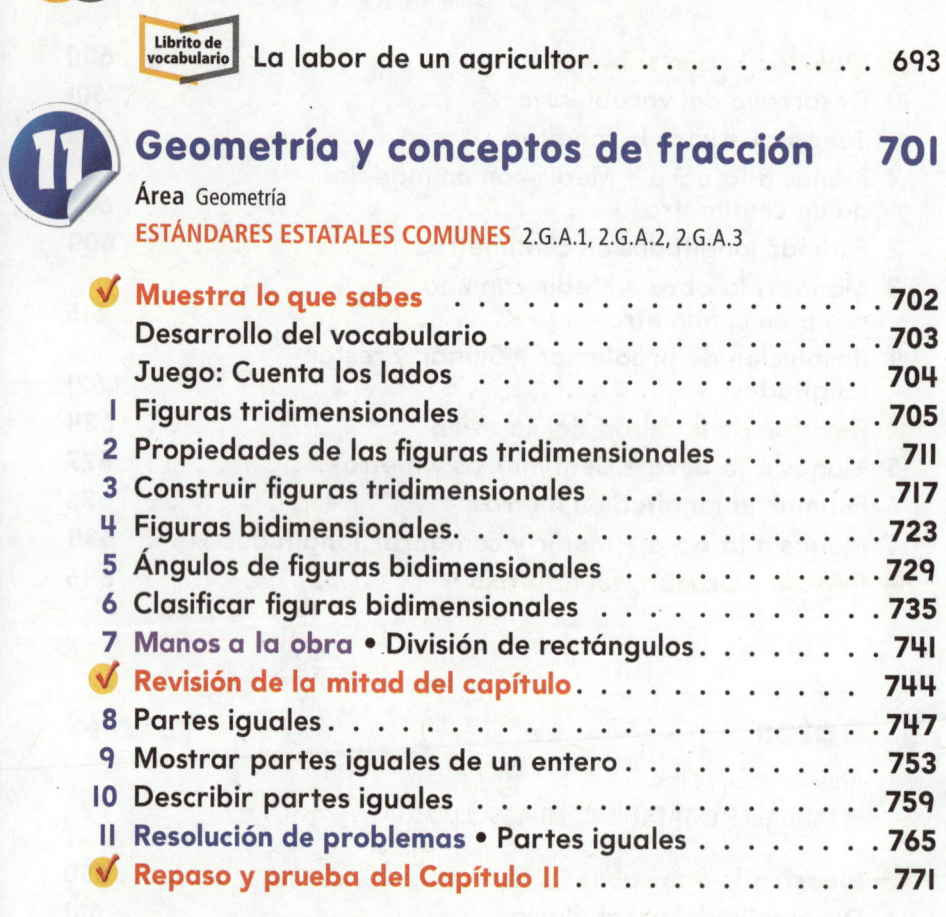

Librito de vocabulario La labor de un agricultor. 693

11 Geometría y conceptos de fracción   701

Área Geometría
ESTÁNDARES ESTATALES COMUNES 2.G.A.1, 2.G.A.2, 2.G.A.3

✓ Muestra lo que sabes 702
   Desarrollo del vocabulario 703
   Juego: Cuenta los lados 704
1 Figuras tridimensionales 705
2 Propiedades de las figuras tridimensionales . . . 711
3 Construir figuras tridimensionales 717
4 Figuras bidimensionales. 723
5 Ángulos de figuras bidimensionales 729
6 Clasificar figuras bidimensionales 735
7 Manos a la obra • División de rectángulos 741
✓ Revisión de la mitad del capítulo. 744
8 Partes iguales 747
9 Mostrar partes iguales de un entero 753
10 Describir partes iguales 759
11 Resolución de problemas • Partes iguales 765
✓ Repaso y prueba del Capítulo 11 771

Glosario ilustrado. H1
Estándares estatales comunes H11
Índice H17

xii

Glosario ilustrado

a. m. A.M.

Las horas después de medianoche y antes del mediodía se escriben con **a. m.**
Las 11:00 a. m. es una hora de la mañana.

ángulo angle

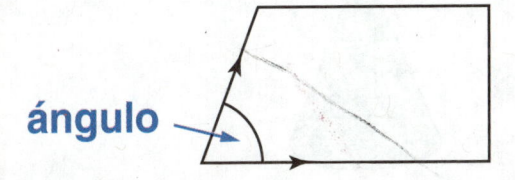

ángulo

arista edge

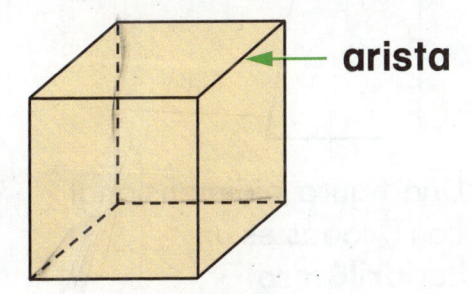

arista

Una **arista** se forma cuando dos caras de una figura tridimensional se unen.

cara face

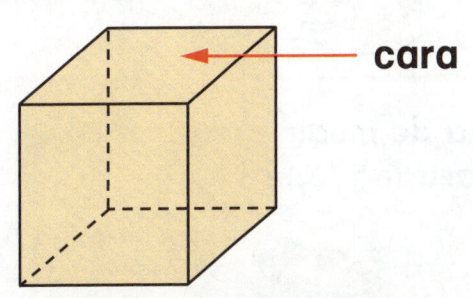

cara

Cada superficie plana de este cubo es una **cara**.

centena hundred

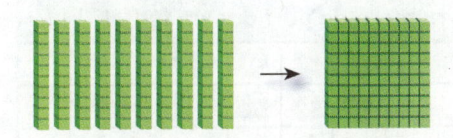

Hay 10 decenas en 1 **centena**.

centímetro centimeter

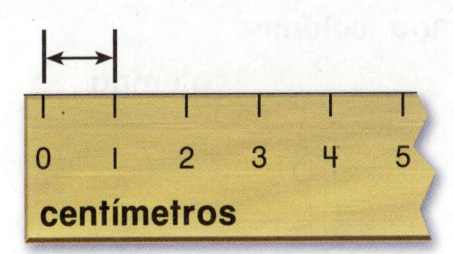

centímetros

H1

cilindro cylinder

cinta de medir measuring tape

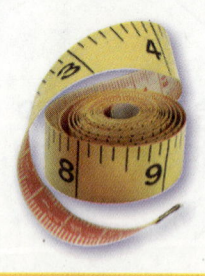

clave key

Número de partidos de fútbol
Marzo
Abril
Mayo
Junio

Clave: Cada ⚽ representa 1 partido.

La **clave** indica la cantidad que representa cada dibujo.

columna column

columna

```
 3 3
 3 4
+3 2
```

comparar compare

Compare la longitud del lápiz y el crayón.

El lápiz es más largo que el crayón.

El crayón es más corto que el lápiz.

cono cone

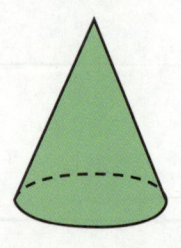

cuadrilátero quadrilateral

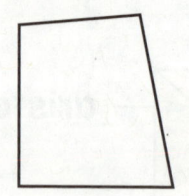

Una figura bidimensional con 4 lados es un **cuadrilátero**.

cuarta parte de quarter of

Una **cuarta parte de** la figura es verde.

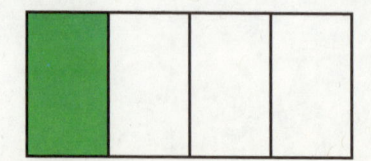

cuarto de fourth of

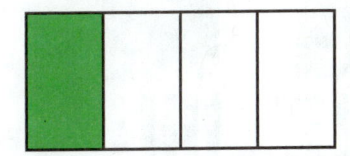

Un **cuarto de** la figura es verde.

cuartos fourths

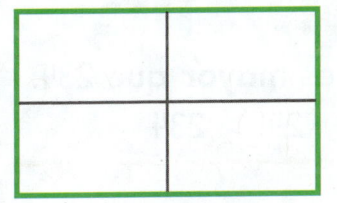

Esta figura tiene 4 partes iguales. Estas partes iguales se llaman **cuartos**.

cubo cube

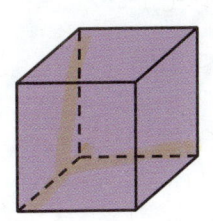

datos data

Comida favorita	
Comida	Conteo
pizza	IIII
sándwich	IIII I
ensalada	III
pasta	IIII

La información de esta tabla se llama **datos**.

decena ten

10 unidades = 1 decena

diagrama de puntos line plot

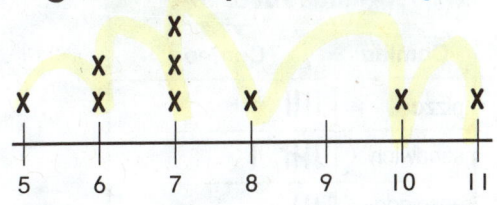

Longitud de los pinceles en pulgadas

diferencia difference

9 − 2 = 7
          ↑
      diferencia

H3

dígito digit

0, 1, 2, 3, 4, 5, 6, 7, 8 y 9 son **dígitos**.

---

dobles doubles

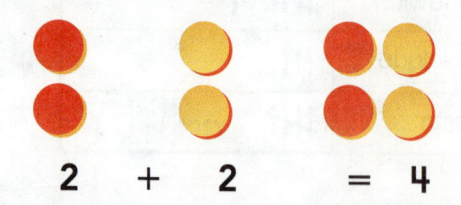

2 + 2 = 4

---

dólar dollar

Un **dólar** tiene el valor de 100 centavos.

---

encuesta survey

Comida favorita	
Comida	Conteo
pizza	IIII
sándwich	HHT I
ensalada	III
pasta	HHT

La **encuesta** es una serie de datos reunidos a partir de las respuestas a una pregunta.

---

es igual a (=) is equal to

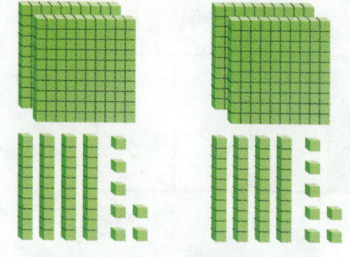

247 **es igual a** 247.
247 = 247

---

es mayor que (>) is greater than

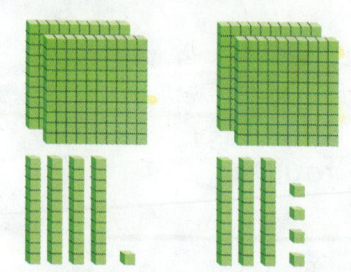

241 **es mayor que** 234.
241 > 234

---

es menor que (<) is less than

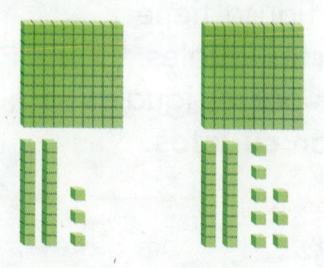

123 **es menor que** 128.
123 < 128

H4

esfera sphere

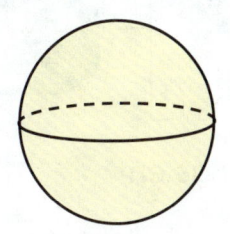

estimación estimate

Una **estimación** es una cantidad que indica aproximadamente cuántos hay.

gráfica de barras bar graph

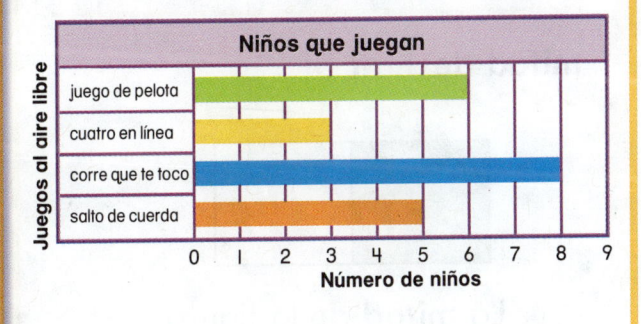

Niños que juegan

hexágono hexagon

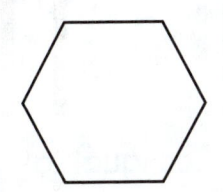

El **hexágono** es una figura bidimensional de 6 lados.

hora hour

Hay 60 minutos en 1 **hora**.

impar odd

1, 3, 5, 7, 9, 11, . . .

números impares

lado side

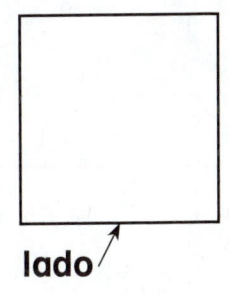

lado

Esta figura tiene **4 lados**.

H5

más (+) plus

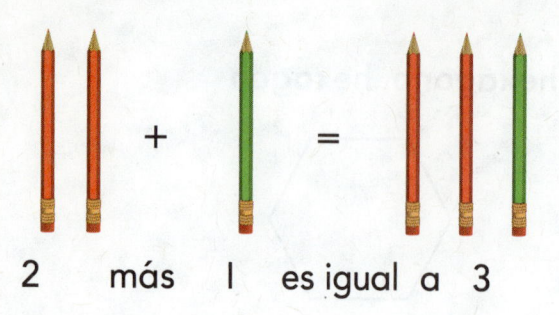

2 más 1 es igual a 3
2 + 1 = 3

medianoche midnight

La **medianoche** es a las 12:00 de la noche.

mediodía noon

El **mediodía** es a las 12:00 del día.

metro meter

1 **metro** tiene la misma longitud que 100 centímetros.

millar thousand

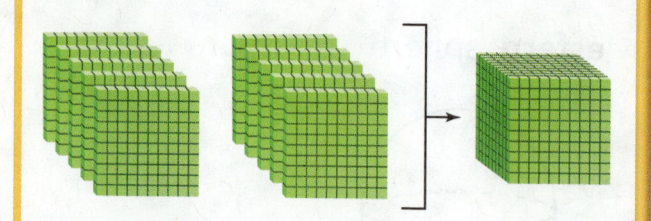

Hay 10 centenas en 1 **millar**.

minuto minute

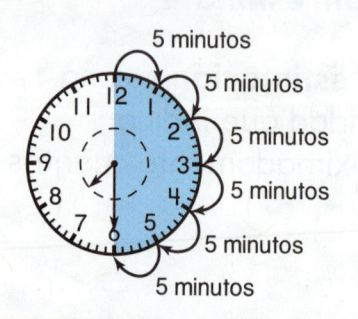

5 minutos
5 minutos
5 minutos
5 minutos
5 minutos
5 minutos

En media hora hay 30 **minutos**.

mitad de half of

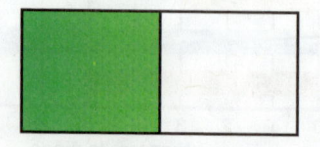

La **mitad de** la figura es verde.

mitades halves

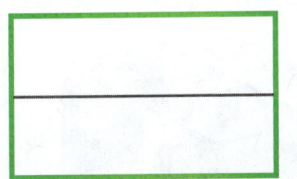

Esta figura tiene 2 partes iguales.
Estas partes iguales se llaman **mitades**.

moneda de 1¢ penny

Esta moneda vale un centavo o **1¢**.

moneda de 5¢ nickel

Esta moneda vale cinco centavos o **5¢**.

moneda de 10¢ dime

Esta moneda vale diez centavos o **10¢**.

moneda de 25¢ quarter

Esta moneda vale veinticinco centavos o **25¢**.

p. m. P.M.

Las horas después del mediodía y antes de la medianoche se escriben con **p. m.**
Las 11:00 p. m. es una hora de la noche.

H7

par even

2, 4, 6, 8, 10, . . .

números pares

prisma rectangular
rectangular prism

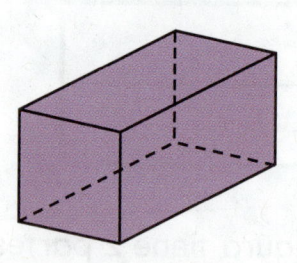

pentágono pentagon

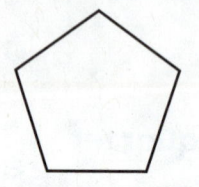

El **pentágono** es una figura bidimensional de 5 lados.

pulgada inch

pulgadas

pictografía picture graph

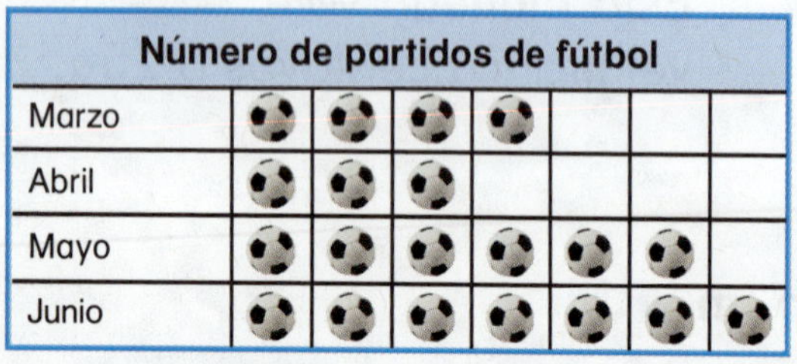

Número de partidos de fútbol							
Marzo	⚽	⚽	⚽	⚽			
Abril	⚽	⚽	⚽				
Mayo	⚽	⚽	⚽	⚽	⚽	⚽	
Junio	⚽	⚽	⚽	⚽	⚽	⚽	⚽

Clave: Cada ⚽ representa 1 partido.

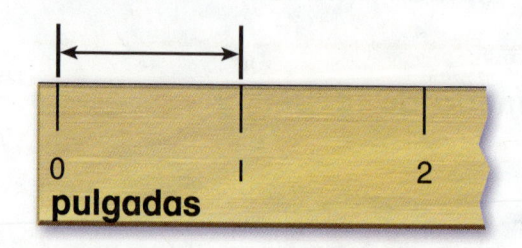

punto decimal decimal point

$1.00
punto decimal

pie foot

1 **pie** tiene la misma longitud que 12 pulgadas.

H8

reagrupar regroup

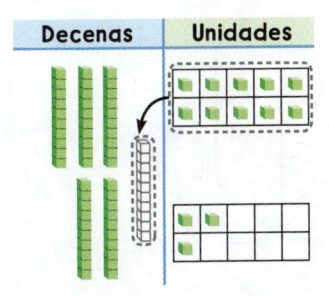

Puedes cambiar 10 unidades por 1 decena para **reagrupar**.

regla de 1 yarda yardstick

La **regla de 1 yarda** es un instrumento de medida que muestra 3 pies.

símbolo de centavo cent sign

53¢
↑
símbolo de centavo

símbolo de dólar dollar sign

$1.00
↑
símbolo de dólar

suma sum

9 + 6 = 15
↗
suma

sumando addend

5 + 8 = 13
↖ ↗
sumandos

H9

un tercio de third of

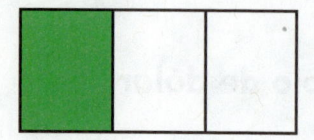

Un tercio de la figura es verde.

---

unidades ones

10 unidades = 1 decena

---

tercios thirds

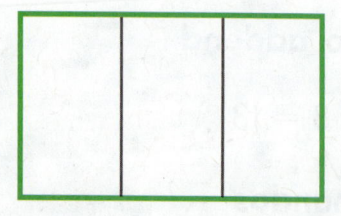

Esta figura tiene 3 partes iguales.
Estas partes iguales se llaman **tercios**.

---

vértice vertex

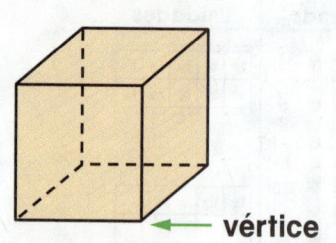

← vértice

El punto de una esquina de una figura tridimensional es un **vértice**.

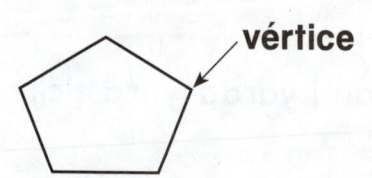

vértice

Esta figura tiene 5 **vértices**.

---

y cuarto quarter past

8:15

15 minutos después de las 8:00.
8 **y cuarto**.

H10

Correlaciones

ESTÁNDARES ESTATALES COMUNES

Estándares que aprenderás

Prácticas matemáticas		Ejemplos:
MP1	Entienden problemas y perseveran en resolverlos.	Lecciones 1.3, 1.5, 2.2, 3.2, 3.3, 4.7, 4.9, 4.11, 5.9, 5.10, 5.11, 6.7, 7.7, 8.5, 9.4, 10.1, 10.2, 10.3, 10.4, 10.6, 11.5
MP2	Razonan de manera abstracta y cuantitativa.	Lecciones 1.2, 2.6, 2.11, 2.12, 3.5, 3.9, 4.9, 4.10, 5.5, 5.9, 5.10, 5.11, 6.1, 8.1, 8.4, 8.5, 8.6, 9.4, 9.7, 10.2, 10.4
MP3	Construyen argumentos viables y critican el razonamiento de los demás.	Lecciones 1.1, 2.5, 2.8, 2.11, 4.6, 5.6, 5.10, 6.8, 8.8, 9.3, 10.5, 10.6
MP4	Realizan modelos matemáticos.	Lecciones 1.4, 1.7, 2.3, 2.11, 3.8, 3.9, 3.11, 4.1, 4.2, 4.5, 4.9, 4.11, 5.4, 5.9, 5.10, 5.11, 6.6, 7.3, 7.4, 7.5, 7.6, 7.7, 8.5, 8.9, 9.4, 10.1, 10.3, 10.5, 10.6, 11.3, 11.4, 11.5, 11.6, 11.10, 11.11
MP5	Utilizan estratégicamente los instrumentos apropiados.	Lecciones 3.7, 3.10, 4.4, 5.1, 5.2, 5.3, 5.8, 6.1, 8.1, 8.2, 8.4, 8.6, 8.8, 8.9, 9.1, 9.3, 9.5, 11.2, 11.7, 11.9
MP6	Ponen atención a la precisión.	Lecciones 1.3, 1.5, 1.6, 2.1, 2.5, 2.7, 2.12, 3.5, 3.11, 4.1, 4.2, 4.3, 4.6, 4.8, 4.10, 4.12, 5.5, 5.7, 6.1, 6.2, 6.3, 6.4, 6.5, 6.7, 6.9, 6.10, 7.2, 7.3, 7.8, 7.9, 7.10, 7.11, 8.1, 8.2, 8.3, 8.4, 8.6, 8.7, 8.9, 9.1, 9.2, 9.3, 9.6, 9.7, 10.1, 10.2, 10.3, 10.4, 10.5, 11.1, 11.2, 11.6, 11.8, 11.9, 11.10, 11.11
MP7	Buscan y utilizan estructuras.	Lecciones 1.1, 1.2, 1.6, 1.7, 1.8, 1.9, 2.1, 2.2, 2.3, 2.4, 2.5, 2.6, 2.7, 2.8, 2.9, 2.10, 3.1, 3.2, 3.3, 3.7, 3.10, 4.4, 4.7, 4.8, 5.3, 5.6, 5.7, 7.1, 7.5, 7.6, 7.11, 8.3, 8.7, 9.2, 9.5, 9.6, 11.4, 11.5

HII

Estándares que aprenderás

Prácticas matemáticas		Ejemplos:
MP8	Buscan y expresan regularidad en razonamientos repetitivos.	Lecciones 1.2, 1.6, 2.1, 2.2, 2.4, 2.12, 3.2, 3.3, 3.4, 3.5, 3.7, 4.3, 4.11, 4.12, 5.5, 5.8, 6.2, 6.3, 6.4, 6.5, 6.7, 6.8, 6.9, 6.10, 7.2, 7.3, 7.4, 7.8, 7.9, 7.10, 8.1, 8.8, 9.1, 11.7, 11.8

Área: Operaciones y pensamiento algebraico		Lecciones de la edición del estudiante
Representan y resuelven problemas relacionados a la de suma y a la resta.		
2.OA.A.1	Usan la suma y la resta hasta el número 100 para resolver problemas verbales de uno y dos pasos relacionados a situaciones en las cuales tienen que sumar, restar, unir, separar, y comparar, con valores desconocidos en todas las posiciones, por ejemplo, al representar el problema a través del uso de dibujos y ecuaciones con un símbolo para el número desconocido.	Lecciones 3.8, 3.9, 4.9, 4.10, 5.9, 5.10, 5.11
Suman y restan hasta el número 20.		
2.OA.B.2	Suman y restan con fluidez hasta el número 20 usando estrategias mentales. Al final del segundo grado, saben de memoria todas las sumas de dos números de un solo dígito.	Lecciones 3.1, 3.2, 3.3, 3.4, 3.5, 3.6, 3.7
Trabajan con grupos de objetos equivalentes para establecer los fundamentos para la multiplicación.		
2.OA.C.3	Determinan si un grupo de objetos (hasta 20) tiene un número par o impar de miembros, por ejemplo, al emparejar objetos o al contar de dos en dos; escriben ecuaciones para expresar un número par como el resultado de una suma de dos sumandos iguales.	Lecciones 1.1, 1.2
2.OA.C.4	Utilizan la suma para encontrar el número total de objetos colocados en forma rectangular con hasta 5 hileras y hasta 5 columnas; escriben una ecuación para expresar el total como la suma de sumandos iguales.	Lecciones 3.10, 3.11

Estándares que aprenderás

Lecciones de la edición del estudiante

Área: Números y operaciones en base diez		
Comprenden el valor posicional.		
2.NBT.A.1	Comprenden que los tres dígitos de un número de tres dígitos representan cantidades de centenas, decenas y unidades; por ejemplo, 706 es igual a 7 centenas, 0 decenas y 6 unidades. Comprenden los siguientes casos especiales:	Lecciones 2.2, 2.3, 2.4, 2.5
	a. 100 puede considerarse como un conjunto de diez decenas – llamado "centena".	Lección 2.1
	b. Los números 100, 200, 300, 400, 500, 600, 700, 800, 900 se refieren a una, dos, tres, cuatro, cinco, seis, siete, ocho o nueve centenas (y 0 decenas y 0 unidades).	Lección 2.1
2.NBT.A.2	Cuentan hasta 1000; cuentan de 2 en 2, de 5 en 5, de 10 en 10, y de 100 en 100.	Lecciones 1.8, 1.9
2.NBT.A.3	Leen y escriben números hasta 1000 usando numerales en base diez, los nombres de los números, y en forma desarrollada.	Lecciones 1.3, 1.4, 1.5. 1.6, 1.7, 2.4, 2.6, 2.7, 2.8
2.NBT.A.4	Comparan dos números de tres dígitos basándose en el significado de los dígitos de las centenas, decenas y las unidades usando los símbolos >, =, y < para anotar los resultados de las comparaciones.	Lecciones 2.11, 2.12
Utilizan el valor posicional y las propiedades de las operaciones para sumar y restar.		
2.NBT.B.5	Suman y restan hasta 100 con fluidez usando estrategias basadas en el valor posicional, las propiedades de las operaciones, y/o la relación entre la suma y la resta.	Lecciones 4.1, 4.2, 4.3, 4.4, 4.5, 4.6, 4.7, 4.8, 5.1, 5.2, 5.3, 5.4, 5.5, 5.6, 5.7, 5.8
2.NBT.B.6	Suman hasta cuatro números de dos dígitos usando estrategias basadas en el valor posicional y las propiedades de las operaciones.	Lecciones 4.11, 4.12

HI3

Estándares que aprenderás

Lecciones de la edición del estudiante

Área: Números y operaciones en base diez

Utilizan el valor posicional y las propiedades de las operaciones para sumar y restar.

2.NBT.B.7	Suman y restan hasta 1,000, usando modelos concretos o dibujos y estrategias basadas en el valor posicional, las propiedades de las operaciones, y/o la relación entre la suma y la resta; relacionan la estrategia con un método escrito. Comprenden que al sumar o restar números de tres dígitos, se suman o restan centenas y centenas, decenas y decenas, unidades y unidades; y a veces es necesario componer y descomponer las decenas o las centenas.	Lecciones 6.1, 6.2, 6.3, 6.4, 6.5, 6.6, 6.7, 6.8, 6.9, 6.10
2.NBT.B.8	Suman mentalmente 10 o 100 a un número dado del 100–900, y restan mentalmente 10 o 100 de un número dado entre 100–900.	Lecciones 2.9, 2.10
2.NBT.B.9	Explican porqué las estrategias de suma y resta funcionan, al usar el valor posicional y las propiedades de las operaciones.	Lecciones 4.6, 6.8

Área: Medición y datos

Miden y estiman las longitudes usando unidades estándares.

2.MD.A.1	Miden la longitud de un objeto seleccionando y usando herramientas apropiadas tales como reglas, yardas, reglas métricas, y cintas de medir.	Lecciones 8.1, 8.2, 8.4, 8.8, 9.1, 9.3
2.MD.A.2	Miden la longitud de un objeto dos veces, usando unidades de longitud de diferentes longitudes cada vez; describen como ambas medidas se relacionan al tamaño de la unidad escogida.	Lecciones 8.6, 9.5

Estándares que aprenderás

Lecciones de la edición del estudiante

Área: Medición y datos

Miden y estiman las longitudes usando unidades estándares.

2.MD.A.3	Estiman longitudes usando unidades de pulgadas, pies, centímetros, y metros.	Lecciones 8.3, 8.7, 9.2, 9.6
2.MD.A.4	Miden para determinar cuanto más largo es un objeto que otro, y expresan la diferencia entre ambas longitudes usando una unidad de longitud estándar.	Lección 9.7

Relacionan la suma y la resta con la longitud.

2.MD.B.5	Usan la suma y la resta hasta 100 para resolver problemas verbales que envuelven longitudes dadas en unidades iguales, por ejemplo, al usar dibujos (como dibujos de reglas) y ecuaciones con un símbolo que represente el número desconocido en el problema.	Lecciones 8.5, 9.4
2.MD.B.6	Representan números enteros como longitudes comenzando desde el 0 sobre una recta numérica con puntos igualmente espaciados que corresponden a los números 0, 1, 2, ..., y que representan las sumas y restas de números enteros hasta el número 100 en una recta numérica.	Lecciones 8.5, 9.4

Trabajan con el tiempo y el dinero.

2.MD.C.7	Dicen y escriben la hora utilizando relojes análogos y digitales a los cinco minutos más cercanos, usando a.m. y p.m.	Lecciones 7.8, 7.9, 7.10, 7.11
2.MD.C.8	Resuelven problemas verbales relacionados a los billetes de dólar, monedas de veinticinco, de diez, de cinco y de un centavos, usando los símbolos $ y ¢ apropiadamente. *Ejemplo; si tienes 2 monedas de diez centavos y 3 monedas de 1 centavo, ¿cuántos centavos tienes?*	Lecciones 7.1, 7.2, 7.3, 7.4, 7.5, 7.6, 7.7

Estándares que aprenderás

Lecciones de la edición del estudiante

Área: Medición y datos

Representan e interpretan datos.

2.MD.D.9	Generan datos de medición al medir las longitudes de varios objetos hasta la unidad entera más cercana, o al tomar las medidas del mismo objeto varias veces. Muestran las medidas por medio de un diagrama de puntos, en el cual la escala horizontal está marcada por unidades con números enteros.	Lección 8.9
2.MD.D.10	Dibujan una pictografía y una gráfica de barras (con escala unitaria) para representar un grupo de datos de hasta cuatro categorías. Resuelven problemas simples para unir, separar, y comparar usando la información representada en la gráfica de barras.	Lecciones 10.1, 10.2, 10.3, 10.4, 10.5, 10.6

Área: Geometría

Razonan usando figuras geométricas y sus atributos.

2.G.A.1	Reconocen y dibujan figuras que tengan atributos específicos, tales como un número dado de ángulos o un número dado de lados iguales. Identifican triángulos, cuadriláteros, pentágonos, hexágonos, y cubos.	Lecciones 11.1, 11.2, 11.3, 11.4, 11.5, 11.6
2.G.A.2	Dividen un rectángulo en hileras y columnas de cuadrados del mismo tamaño y cuentan para encontrar el número total de los mismos.	Lección 11.7
2.G.A.3	Dividen círculos y rectángulos en dos, tres, o cuatro partes iguales, describen las partes usando las palabras *medios, tercios, la mitad de, la tercera parte de,* etc., y describen un entero como dos medios, tres tercios, cuatro cuartos. Reconocen que las partes iguales de enteros idénticos no necesariamente tienen que tener la misma forma.	Lecciones 11.8, 11.9, 11.10, 11.11

Common Core State Standards © Copyright 2010. National Governors Association Center for Best Practices and Council of Chief State School Officers. All rights reserved. This product is not sponsored or endorsed by the Common Core State Standards Initiative of the National Governors Association Center for Best Practices and the Council of Chief State School Officers.

Índice

A

a. m., 527–530

Actividad para la casa, 16, 22, 28, 34, 39, 46, 52, 58, 64, 78, 84, 90, 96, 102, 108, 113, 120, 126, 132, 138, 144, 166, 172, 178, 184, 190, 195, 202, 208, 214, 220, 226, 240, 246, 252, 258, 264, 270, 275, 282, 288, 294, 300, 306, 320, 326, 332, 338, 344, 349, 356, 362, 368, 374, 380, 394, 400, 406, 412, 417, 424, 430, 436, 442, 328, 470, 476, 482, 488, 493, 500, 506, 512, 518, 524, 530, 544, 550, 556, 562, 574, 580, 586, 592, 606, 612, 618, 630, 636, 642, 656, 662, 667, 674, 680, 686, 708, 714, 720, 726, 732, 738, 743, 750, 756, 762, 768

Actividad para la casa. Ver Participación de la familia;

Actividades
Actividad para la casa, 16, 22, 28, 34, 39, 46, 52, 58, 64, 78, 84, 90, 96, 102, 108, 113, 120, 126, 132, 138, 144, 166, 172, 178, 184, 190, 195, 202, 208, 214, 220, 226, 240, 246, 252, 258, 264, 270, 275, 282, 288, 294, 300, 306, 320, 326, 332, 338, 344, 349, 356, 362, 368, 374, 380, 394, 400, 406, 412, 417, 424, 430, 436, 442, 448, 470, 476, 482, 488, 493, 500, 506, 512, 518, 524, 530, 544, 550, 556, 562, 567, 574, 592, 606, 612, 618, 630, 636, 642, 656, 662, 667, 674, 680, 686, 708, 714, 720, 726, 732, 738, 743, 750, 756, 762, 768
Juegos. Ver Juegos
Manos a la obra Actividades: 13, 19, 31, 43, 87, 237, 255, 329, 335, 403, 409, 427, 467, 473, 479, 485, 541, 547, 553, 571, 583, 589, 603, 609, 615, 627, 639, 653, 665, 671, 723, 729, 735, 741, 747

Algoritmos
alternativos, 237–240, 243–246, 249–252, 317–320, 323–326, 397–400
estándar, 261–264, 267–270, 273–275, 279–282, 335–338, 341–344, 347–349, 353–356, 403–406, 409–412, 415–417, 421–424, 427–430, 433–436

Analiza, 319, 326, 338, 448, 470, 719

Ángulos
definición, 730
en figuras bidimensionales, 729–732, 735–738

Aplica, 586, 655

Argumenta, 15, 119, 435

Aristas, 712–714

B

Busca estructuras, 52, 183, 720

C

Caras
de figuras tridimensionales, 711–714
definición, 712

Centenas
agrupar decenas en, 75–78
definición, 76
patrones de conteo con, 61–64, 123–126, 130–132
valor posicional, 75–78, 81–84, 87–90, 93–96, 99–102, 105–108, 111–113, 117–120, 141–144

Centímetros, 603–606, 609–612, 615–618, 621–624, 627–630

Charla matemática
Charla matemática aparece en cada lección de la Edición para el estudiante. Algunos ejemplos son: 13, 163, 341, 553, 659, 735

Cilindros, 705–708, 711, 717

Índice **H17**

Círculos, 705, 711

Clave, uso en una pictografía, 659–662, 665–**667,** 671

Compara
   definición, 142
   números, 135–138, 141–144
   números usando símbolos 141–144

Comparte y muestra
   Comparte y muestra aparece en cada lección de la Edición para el estudiante. Algunos ejemplos son: 14, 170, 330, 542, 654, 736

Comunica ideas matemáticas. *Ver* Charla matemática

Conos, 705–708, 711

Contar
   cuenta hacia adelante y cuenta hacia atrás de 10 en 10, 123–126
   cuenta hacia adelante y cuenta hacia atrás de 100 en 100, 123–126
   de 1 en 1, 55–58, 61, 468
   de 5 en 5, 55–58, 61–64, 468
   de 10 en 10, 55–58, 61–64, 129–132, 468
   de 100 en 100, 61–64, 129–132
   monedas para hallar el valor total, 467–470, 473–476, 479–482, 485–488, 493, 497–499

Contar salteado *Ver* Contar

Correlaciones, Estándares estatales comunes, H11–H16

Cuadrados, 711–714, 723–726, 735–738

Cuadriláteros, 723–726, 730–732, 735–738, 741–743

Cuartos, 747–750, 753–756, 759–762, 765–768

Cubos
   caras, aristas y vértices, 711–714
   construir prismas rectangulares a partir de, 718–720
   identifica y describe, 705–708, 717

D

Datos
   diagramas de puntos, 589–592, 686
   encuestas, 653–656

   gráficas de barras
      definición, 672
      hacer, 677–680, 683–686
      leer, 671–674
      usar para resolver problemas, 671–674, 677–680, 683–686
   pictografías
      cómo hacer, 665–667
      cómo usar para resolver problemas, 659–662, 665–667, 671
      definición, 660
      leer, 659–662
   tablas de conteo, 653–656, 659, 666–667

Desarrollo del vocabulario, 11, 73, 161, 235, 315, 389, 465, 539, 601, 651, 703

Describir/Explicar un método, 344

Diagramas de puntos, 589–592, 686

Diagramas de Venn, 102, 161

Dibujos rápidos, 27, 32–33, 49, 87–90, 93, 99, 112–113, 117, 123, 135–137, 141, 238, 243, 255–258, 261–264, 267, 309–310, 329, 335–338, 341, 391–394 397, 403, 409, 415, 427, 433

Dígitos
   definición, 26
   valores de, 25–28, 31–34, 37–39, 87–90, 93–96, 99–102, 111–113, 123–126, 279–282, 353–356

Dinero
   contar colecciones, 467–470, 473–476, 479–482
   dólar, 491–493, 497–500, 503–506
   equivalencias, 485–488, 491–493
   monedas de 1¢, 467–470, 473–476, 479–482, 485–488, 492–493, 497–500
   monedas de 5¢, 467–470, 473–476, 479–482, 485–488, 491–493, 497–500, 503–506
   monedas de 10¢, 467–470, 473–476, 479–482, 485–488, 491–493, 497–500, 503–506
   monedas de 25¢, 473–476, 479–482, 485–488, 492–493, 497–500
   símbolo de centavo, 467–470, 473–476, 479–482, 485–488, 491, 497
   símbolo de dólar, 492–493, 497–500, 503–506

H18 Índice

División de figuras, 741–743, 747–750, 753–756, 759–762, 765–768

Dólar, 491–493, 497–500, 503–506

E

En el mundo
Escucha y dibuja, 25, 31, 37, 43, 75, 81, 87, 93, 99, 111, 117, 123, 129, 141, 163, 169, 175, 187, 193, 199, 205, 211, 223, 237, 243, 255, 261, 267, 273, 279, 291, 297, 303, 323, 329, 335, 341, 347, 353, 359, 371, 377, 391, 403, 409, 415, 427, 433, 439, 445, 467, 473, 479, 485, 491, 497, 509, 515, 521, 527, 541, 547, 553, 559, 571, 583, 589, 603, 609, 615, 627, 633, 639, 659, 671, 677, 705, 717

Resolución de problemas, 22, 34, 46, 49, 58, 64, 78, 84, 96, 102, 108, 120, 126, 132, 97, 144, 166, 172, 178, 184, 190, 208, 214, 226, 240, 246, 252, 258, 264, 270, 282, 294, 300, 306, 320, 326, 332, 338, 344, 356, 362, 374, 380, 394, 400, 406, 412, 430, 436, 442, 448, 470, 476, 482, 488, 500, 512, 518, 524, 392, 544, 550, 556, 562, 574, 580, 586, 592, 606, 612, 618, 630, 636, 642, 656, 662, 674, 680, 686, 708, 714, 720, 726, 732, 756

Soluciona el problema, 49, 135, 217, 285, 365, 421, 503, 565, 621, 683, 765

Encuestas, 653–656

Entiende los problemas, 28, 252, 258, 264, 288, 294, 424, 430, 488, 506

Entrenador personal en matemáticas, 10, 22, 52, 72, 102, 144, 160, 172, 214, 234, 252, 264, 314, 332, 344, 388, 394, 430, 436, 464, 500, 538, 544, 586, 642, 650, 680, 686, 702, 720, 750

Escribe matemáticas, 16, 22, 28, 34, 46, 58, 64, 78, 84, 90, 96, 102, 108, 120, 126, 132, 138, 144, 157, 166, 172, 178, 184, 190, 202, 208, 214, 220, 226, 240, 246, 252, 258, 264, 270, 275, 282, 288, 294, 300, 306, 320, 326, 332, 338, 344, 356, 362, 368, 374, 380, 394, 400, 406, 412, 424, 430, 436, 442, 448, 461, 470, 476, 482, 488, 500, 506, 512, 518, 524, 530, 544, 550, 556, 562, 574, 580, 586, 592, 606, 612, 618, 630, 636, 642, 656, 662, 674, 680, 686, 708, 714, 726, 732, 738, 756, 762, 768

Escucha y dibuja
Escucha y dibuja aparece en la mayoría de las lecciones de la Edición para el estudiante. Algunos ejemplos son: 25, 49, 391, 415, 671, 753
Problemas, 1–8, 151–158, 455–462, 693–700

Esferas, 705–711, 711, 717

Estándares estatales comunes, H11–H16

Estimación
longitud en centímetros, 609–612
longitud en metros, 633–636
longitud en pies, 577–580
longitud en pulgadas, 553–556

Estrategia de *halla un patrón*, 49–52

Estrategia de *haz un diagrama*, 285–288, 365–368, 565–567, 621–623, 765–768

Estrategia de *haz un modelo*, 135–138, 421–424

Estrategia de *separar*
resta, 317–320, 323–326
suma, 176–177, 237–240, 249–252, 397–400

Estrategia de *representar*, 217–220, 503–506

Estrategias para resolver problemas
busca un patrón, 49–52
haz un diagrama, 285–288, 365–368, 565–567, 621–623, 765–768
haz un modelo, 135–138, 421–424
haz una gráfica, 683–686
Representa, 217–220, 503–506

Evaluación
Muestra lo que sabes, 10, 72, 160, 234, 314, 388, 464, 538, 600, 650, 702
Repaso y prueba del capítulo, 67–70, 147–150, 229–232, 309–312, 383–386, 451–454, 533–536, 595–598, 645–648, 689–692, 771–774

Revisión de la mitad del capítulo, 40, 114, 196, 276, 350, 418, 494, 568, 624, 668, 744

Evaluar, 300, 306

Explicar, 524, 550, 574, 674

F

Figuras
    bidimensionales
        ángulos, 729–732, 736–738
        atributos, 723–726, 729–732, 735–738
        divide en partes iguales, 741–743, 747–750, 753–756, 759–762, 765–768
        identifica y describe 723–726
    tridimensionales
        atributos, 711–714
        construye, 717–720
        identifica y describe, 705–708

Fluidez
    suma y resta hasta 20, 163–166, 169–172, 175–178, 181–184, 187–190, 193–195, 199–202, 205–208, 211–214
    suma y resta hasta 100, 237–240, 243–246, 249–252, 255–258, 261–264, 267–270, 273–275, 279–282, 297–300, 303–306, 317–320, 323–326, 329–332, 335–338, 341–344, 347–349, 353–356, 359–362

Forma desarrollada, 31–34, 37–40, 43–46, 93–96, 111–113

Forma escrita, 38–39, 105–108, 111–113

Forma escrita de los números, 37–39, 105–108, 111–113

Fracciones, bases,
    partes iguales de un todo, 747–750, 753–756, 759–762, 765–768

G

Glosario, H1–H10

Gráficas de barras,

cómo usar para resolver problemas, 671–674, 677–680, 683–686
    definición, 672
    hacer, 677–680, 683–686
    leer, 671–674

Gráficas y tablas
    diagramas de puntos, 589–592
    gráficas de barras
        definición, 672
        hacer, 677–680, 683–686
        leer, 671–674
        usar para resolver problemas, 671–674, 677–680, 683–686
    pictografía
        definición, 660
        hacer, 665–667
        leer, 659–662
        usar para resolver problemas, 659–662, 665–667, 671
    tablas de conteo, 653–656, 659, 666–667

Grupos iguales, 20–22, 217–220, 223–226

H

Hacer conexiones, 34, 46, 189, 220, 246, 374, 476, 512, 708, 714, 738, 750

Haz otro problema, 50, 136, 218, 286, 366, 422, 504, 566, 622, 684, 766

Hexágonos, 723–726, 730–731

J

Juegos
Baraja de dos dígitos, 390
Búsqueda de restas, 316
Conteo de 5 y de 10, 466
¿Cuál es la suma?, 236
Cuenta los lados, 704
En busca de la oruga, 162
Estimar la longitud, 602
Formar decenas, 652
¿Más corto o más largo?, 540
Pesca de dígitos, 74
Tres en línea 12

H20 Índice

L

Lados, 723–726, 637–732, 735–738

Longitud
cómo elegir herramientas para medir, 583–586
comparación, 639–642
datos presentados en diagramas de puntos, 589–592, 686
en metros, 627–630, 633–636
en pies, 571–574, 577–580
en pulgadas, 541–544, 547–550, 553, 559–562, 565–567, 571–574
estimación, 553–556, 577–580, 609–612, 633–636
relación inversa entre el tamaño de las unidades y el número de unidades necesarias para medir, 571–574, 627–630
sumar y restar, 565–567, 621–623

M

Manos a la obra, actividades. *Ver* Actividades

Manos a la obra, lecciones, 13–16, 87–90, 485–488, 541–544, 547–550, 559–562, 571–574, 603–606, 615–618, 627–630, 639–642, 741–743

Más al detalle, 46, 96, 101, 126, 132, 166, 172, 178, 202, 207, 214, 226, 240, 270, 288, 306, 325, 331, 349, 356, 368, 373, 380, 400, 412, 442, 482, 500, 530, 629, 655, 662, 667, 673, 680, 686, 713, 714, 720, 725, 756, 768

Matemáticas al instante, 16, 21, 27, 33, 39, 45, 51, 63, 77, 83, 95, 120, 125, 144, 165, 166, 171, 177, 184, 190, 195, 201, 207, 213, 219, 226, 239, 245, 251, 257, 258, 263, 269, 275, 281, 287, 293, 299, 305, 319, 325, 332, 338, 343, 349, 355, 361, 367, 373, 380, 393, 399, 405, 412, 417, 303, 423, 429, 436, 441, 447, 448, 327, 469, 470, 475, 487, 493, 499, 505, 511, 518, 524, 529, 391, 544, 550, 555, 562, 567, 574, 580, 586, 592, 606, 612, 618, 623, 630, 636, 641, 642, 656, 661, 667, 673, 679, 685, 686, 707, 713, 719, 726, 731, 737, 743, 749, 750, 756, 762, 767

Materiales y objetos manipulativos
bloques de base diez, 31, 43, 87–90, 135–138, 237, 255, 261, 335, 403, 409, 421–424, 427
bloques de patrones, 735, 747
cinta métrica, 584–586
cubos de una unidad 603–606, 615, 717–720
cubos interconectables, 13–14, 19, 653, 665
dinero de juguete, 467, 473, 479, 485–488, 503–506
fichas cuadradas de colores, 541–543, 548, 741–743
fichas cuadradas de dos colores, 217–220, 223
regla de 1 yarda, 584–585
reglas en centímetros, 615–618, 628–630, 639–642
reglas en pulgadas, 560–562, 572–574, 577–580, 584–585, 589–592

Medianoche, 528

Medición. *Ver* Longitud

Mediodía, 528, 530

Metros, 627–630, 633–636

Millares, 99–102

Minutos, 510–512, 515–518, 521–524

Mitades, 747–750, 753–756, 759–762, 765–768

Modelos de barras
problemas de resta, 205–208, 365–368, 377–380
problemas de suma, 187–188, 205–208, 285–288, 291, 377–380
problemas de varios pasos, 377–380

Monedas
contar colecciones, 467–470, 479–482, 485–488
monedas de 1¢, 467–470, 473–476, 479–482, 485–488, 491–493, 497–500, 503–506
monedas de 5¢, 467–470, 473–476, 479–482, 485–488, 491–493, 497–500, 503–506

Índice **H21**

monedas de 10¢, 467–470, 473–476, 479–482, 485–488, 491–493, 497–498, 503–506
monedas de 25¢, 473–476, 479–482, 485–488, 492–493, 497–500
signo de centavo (¢), 468–470, 473–476, 479–482, 485–488, 491, 497

Muestra lo que sabes, 10, 72, 160, 234, 314, 388, 464, 538, 600, 650, 702

N

Números
clasifica como pares o impares, 13–16
comparar, 135–138, 141–144
diferentes formas de, 111–113
diferentes maneras de escribir, 37–40, 105–108, 117–120
en patrones, 49–52, 55–58, 61–64, 129–132, 195
forma desarrollada, 31–34, 37–39, 93–96, 111–113
representar de distintas maneras, 43–46, 117–120
valor posicional y, 25–28, 81–84, 87–90, 93–96, 99–102, 105–108, 111–113, 117–120, 123–126

Números de dos dígitos
componer y descomponer, 43–46, 49–52
distintas maneras de representar, 31–34, 37–39, 43–46, 49–52
forma desarrollada, 31–34
forma escrita, 37–39
patrones de conteo, 55–58
resta, 317–320, 323–326, 329–332, 335–338, 341–344, 347–349, 353–356, 359–362, 365–368, 371–374, 377–380
suma, 237–240, 243–246, 249–252, 255–258, 261–264, 267–270, 273–275, 279–282, 285–288, 291–294, 297–300, 303–306
valor posicional, 25–28, 31–34, 37–40, 43–46

Números de tres dígitos
comparar, 135–138, 141–144
componer y descomponer, 117–120
diferentes formas, 111–113
forma desarrollada, 93–96, 111–113
forma escrita, 105–108, 111–113
patrones de conteo, 61–64, 123–126, 129–132
representar con dibujos rápidos, 87–90, 93, 99, 117, 123, 391–394, 397, 403, 409, 415, 421–424, 427, 433, 439
resta, 421–424, 427–430, 433–436, 439–442, 445–448
suma, 391–394, 397–400, 403–406, 409–412, 415–417
valor posicional, 81–84, 87–90, 93–96, 99–102, 111–113, 123–126, 141–144

Números impares, 13–16, 19, 21

Números pares
como suma de dos sumandos iguales, 19–22
definición, 14
representar y clasificar, 13–16

O

Operaciones básicas, 163–166, 169–172, 175–178, 181–184, 187–190, 193–195, 199–202, 205–208, 211–214

Operaciones con dobles y casi dobles, 163–166

Orden de sumandos, 169–172, 181–184, 297–300, 303–306

Organizadores gráficos, 11, 73, 161, 235, 315, 389, 465, 539, 601, 651, 703

P

p. m., 527–530

Para el maestro
En la mayoría de las lecciones de la Edición para el estudiante. Algunos ejemplos son: 13, 37, 359, 409, 633, 705

Partes iguales de un todo, 747–750, 753–756, 759–762, 765–768

H22 Índice

Participación de la familia
   Actividad para la casa, 16, 22, 28, 34, 39, 46, 52, 58, 64, 78, 84, 90, 96, 102, 108, 113, 120, 126, 132, 138, 144, 166, 172, 178, 184, 190, 195, 202, 208, 214, 220, 226, 240, 246, 252, 258, 264, 270, 275, 282, 288, 294, 300, 306, 320, 326, 332, 338, 344, 349, 356, 362, 368, 374, 380, 394, 400, 406, 412, 417, 304, 424, 430, 436, 442, 448, 328, 470, 476, 482, 488, 493, 500, 506, 512, 518, 524, 530, 392, 544, 550, 556, 562, 574, 580, 586, 592, 606, 612, 618, 630, 636, 642, 656, 662, 667, 674, 680, 686, 708, 714, 720, 726, 732, 738, 743, 750, 756, 762, 768

Patrones de conteo
   hasta 100, 55–58
   hasta 1,000, 61–64, 128–132

Patrones numéricos, 49–52, 55–58, 61–64, 129–132, 195

Pentágonos, 724–726, 730–732, 736, 738

Pictografía, 660
   cómo hacer, 665–667
   leer, 659–662
   usar para resolver problemas, 659–662, 665–667, 671

Piensa como matemático, 9, 71, 159, 233, 313, 387, 463, 537, 599, 649, 701

Piensa más, 16, 21, 22, 27, 28, 33, 34, 39, 40, 45, 46, 51, 52, 57, 58, 63, 64, 77, 78, 83, 84, 90, 95, 96, 102, 107, 108, 113, 120, 125, 126, 131, 132, 138, 144, 165, 166, 171, 172, 177, 178, 184, 190, 195, 201, 202, 207, 213, 214, 219, 220, 226, 239, 240, 245, 246, 251, 257, 258, 263, 264, 269, 270, 275, 276, 281, 282, 287, 288, 293, 294, 299, 300, 305, 306, 319, 320, 325, 326, 332, 338, 343, 344, 349, 350, 355, 356, 361, 362, 367, 368, 373, 374, 380, 393, 394, 399, 400, 405, 406, 412, 417, 423, 424, 429, 430, 436, 441, 442, 327, 328, 469, 470, 475, 476, 482, 487, 488, 493, 499, 500, 505, 506, 511, 512, 518, 524, 529, 530, 544, 550, 555, 556, 562, 567, 574, 580, 586, 592, 606, 612, 618, 623, 630, 636, 641, 642, 656, 661, 662, 667, 673, 674, 679, 680, 685, 686, 707, 708, 713, 714, 719, 720, 726, 731, 732, 737, 738, 743, 744, 749, 750, 756, 762, 767, 768

Piensa más +, 22, 52, 102, 144, 172, 1256, 252, 264, 332, 344, 394, 430, 500, 530, 544, 586, 606, 642, 680, 686, 720, 750

Pies, 571–574, 577–580

Pon atención a la precisión, 411

Por tu cuenta
   Por tu cuenta aparece en cada lección de la Edición para el estudiante. Algunos ejemplos son: 15, 183, 349, 549, 673, 737

Prácticas matemáticas
   MP1 Entienden problemas y perseveran en resolverlos 49, 193, 205, 211, 217, 273, 285, 291, 365, 371, 377, 421, 503, 565, 621, 659, 665, 671, 683, 765
   MP2 Razonan de manera abstracta y cuantitativa 135, 187, 211, 285, 291, 365, 371, 377, 389, 565, 621, 639, 659, 671
   MP3 Construyen argumentos viables y critican el razonamiento de otros 13, 19, 55, 117, 267, 347, 371, 677, 683
   MP4 Realizan modelos matemáticos 31, 49, 87, 135, 205, 211, 223, 237, 243, 261, 285, 291, 335, 365, 371, 377, 421, 479, 485, 491, 497, 503, 565, 589, 621, 639, 653, 665, 677, 683, 717, 723, 729, 735, 759, 765
   MP5 Utilizan estratégicamente las herramientas adecuadas 199, 217, 255, 317, 323, 329, 359, 391, 541, 547, 559, 571, 583, 589, 603, 615, 627, 711, 741, 753
   MP6 Ponen atención a la precisión 25, 37, 43, 75, 99, 117, 141, 181, 223, 237, 243, 249, 267, 279, 297, 303, 341, 353, 391, 397, 403, 409, 415, 427, 439, 445, 467, 473, 509, 517, 521, 527, 389, 541, 547, 553, 559, 571, 577, 589, 603, 609, 615, 627,

633, 654, 659, 665, 671, 677, 705, 711, 729, 735, 747, 753, 759, 765

MP7 Buscan y utilizan estructuras 3, 19, 43, 49, 55, 61, 75, 81, 87, 93, 99, 105, 111, 117, 123, 129, 163, 169, 175, 187, 217, 255, 261, 273, 279, 329, 347, 353, 467, 473, 491, 497, 503, 527, 389, 553, 571, 577, 609, 627, 633, 723, 729

MP8 Buscan y expresan regularidad en razonamientos repetitivos 19, 43, 75, 81, 93, 141, 169, 175, 181, 187, 199, 249, 267, 297, 303, 317, 323, 341, 359, 397, 403, 409, 415, 301, 427, 433, 439, 445, 479, 485, 509, 515, 521, 541, 583, 603, 741, 747

Pregunta esencial
Pregunta esencial aparece en cada lección de la Edición para el estudiante. Algunos ejemplos son: 13, 181, 329, 553, 671, 711

Preparación para la prueba
Repaso y prueba del capítulo, 67–70, 147–150, 229–232, 309–312, 383–386, 451–454, 533–536, 595–598, 645–648, 689–692, 771–774
Revisión de la mitad del capítulo, 40, 114, 196, 276, 350, 418, 494, 568, 624, 668, 744

Prismas rectangulares
caras, aristas y vértices, 711–714
identificar y describir, 705–708, 717

Problemas, 1–8, 151–158, 455–461, 693–700; *Ver* Resolución de problemas, Tipos de problemas

Problemas de varios pasos, 126, 131, 184, 190, 214, 288, 293, 319, 377–380, 405, 412, 436, 679, 680

Propiedades de la suma,
agrupar sumandos de distintas maneras, 181–184, 297–300, 303–306
sumar cero, 170–171
sumar en cualquier orden, 169–172

Pulgadas, 541–543, 547–550, 553–556, 559–562, 565–567, 571–574, 589–592

Punto decimal
en cantidades de dinero, 492–493, 498–500, 503–506

R

Reagrupar,
en una resta, 329–332, 335–338, 341–344, 347–349, 353–356, 427–430, 433–436, 439–442, 445–448
en una suma, 255–258, 261–264, 267–270, 273–275, 280–282, 297–300, 303–306, 403–406, 409–412, 415–417

Recta numérica, 199–201, 318–319, 323–325, 360–362, 374, 565–567, 621–623

Rectángulos, 729, 731, 736–738
dividen en filas y columnas, 741–743
partes iguales de, 748–750, 753–756, 759–762, 765–768

Regla de una yarda, 583–586

Relación inversa
entre el tamaño de las unidades y el número de unidades necesarias para medir, 571–574, 627–630
entre suma y resta, 187–190, 194

Relojes, 509–512, 515–518, 521–524, 527–530

Relojes analógicos, 509–512, 515–518, 521–524, 527–530

Relojes digitales, 510–512, 516–518, 521–524, 527–530

Repaso y prueba del capítulo, 67–70, 147–150, 229–232, 309–312, 383–386, 451–454, 533–536, 595–598, 645–648, 689–692, 771–774

Representa y dibuja
Representa y dibuja aparece en la mayoría de las lecciones de la Edición para el estudiante. Algunos ejemplos son: 14, 164, 342, 542, 660, 736

H24 Índice

Resolución de problemas
  Lecciones, 49–52, 135–138, 217–220, 285–288, 365–368, 421–424, 503–506, 565–568, 621–624, 683–686, 765–768
  Problemas de varios pasos, 126, 131, 184, 190, 214, 288, 293, 319, 377–380, 405, 412, 436, 679, 680
  Resolución de problemas en el mundo, 22, 34, 46, 49, 58, 64, 78, 84, 96, 102, 108, 120, 126, 132, 135, 144, 166, 172, 178, 184, 208, 214, 226, 240, 246, 252, 258, 264, 270, 282, 294, 300, 306, 320, 326, 332, 338, 344, 356, 362, 374, 380, 394, 400, 406, 412, 304, 430, 436, 442, 448, 328, 470, 476, 482, 488, 500, 512, 518, 524, 530, 392, 544, 550, 556, 562, 574, 580, 586, 592, 606, 612, 618, 630, 636, 642, 656, 662, 674, 680, 686, 708, 714, 720, 726, 732, 756
  Resuelve el problema, 49, 135, 217, 285, 365, 421, 503, 565, 621, 683, 765
  Ver también Tipos de problemas, problemas

Resta
  escribe ecuaciones para representar problemas, 205–208, 211–214, 359, 365–368, 371–374
  estrategia de separar, 317–320, 323–326
  números de dos dígitos, 317–320, 323–326, 329–332, 335–338, 341–344, 347–349, 353–356, 359–362, 365–368, 371–374, 377–380
  números de tres dígitos, 421–424, 427–430, 433–436, 439–442, 445–448
  operaciones básicas, 187–190, 193–195, 199–202, 205–208, 211–214
  reagrupar centenas, 433–436
  reagrupar centenas y decenas, 439–442
  reagrupar con ceros, 445–448
  reagrupar decenas, 427–430

  relacionar con la suma, 187–190
  representada con modelos de barras, 87–188, 205–207, 211, 365–368, 377–380
  usar la recta numérica, 199–202, 318–320, 323–326, 359–362
  usar modelos y dibujos rápidos, 329–332, 335–338, 341, 421–424, 427, 433, 439
  Ver también Resolución de problemas; Tipos de problemas, problemas

Revisión de la mitad del capítulo, 40, 114, 196, 276, 350, 418, 494, 568, 624, 668, 744

S

Símbolo de centavo, 468–470, 473–476, 479–482, 485–488, 491, 497

Símbolo de dólar, 492–493, 497–500, 503–506

Soluciona el problema, 49, 135, 217, 285, 365, 421, 503, 565, 621, 683, 765

Suma
  de grupos iguales, 217–220, 223–226
  escribir ecuaciones para representar problemas, 205–208, 211–214, 285–288, 291–294
  estrategias de operaciones básicas
    forma una decena, 175–178, 182–184
    operaciones con dobles y casi dobles, 163–166
    usa operaciones relacionadas, 187–190
  números de dos dígitos, 237–240, 243–246, 249–252, 255–258, 261–264, 267–270, 273–275, 279–282, 285–288, 291–294, 297–300, 303–306
  hallar sumas de 3 números de dos dígitos, 297–300
  hallar sumas de 4 números de dos dígitos, 303–306
  separar sumandos para sumar, 237–240, 249–252

números de tres dígitos, 391–394, 397–400, 403–406, 409–412, 415–417
reagrupar, 403–406, 409–412, 415–417
separar para sumar, 397–400
operaciones básicas, 163–166, 169–172, 175–178, 181–184, 187–190, 211–214
para hallar diferencias, 187–189, 359–362
reagrupar en, 255–258, 261–264, 267–270, 273–275, 280–282, 297–300, 303–306, 403–406, 409–412, 415–417
relación con la resta, 187–190, 359–362
representada con modelos de barras, 187–188, 205–208, 285–288, 377–380
separar sumandos para sumar, 176–177, 237–240, 249–252, 397–400
sumar tres sumandos de 1 dígito, 181–184
usar la compensación, 243–246
usar modelos y dibujos rápidos, 237–238, 243, 255–258, 261–264, 267, 329, 335–338, 341, 391–394, 397, 403, 409, 419, 421, 427

Sumandos
definición, 170
desconocidos, 183, 194, 212–214, 232, 285–287, 292–293, 300, 305, 309, 371–373, 622–623, 648
orden de, 169–172, 181–184, 297–300, 303–306
que faltan, Ver Sumandos, desconocidos
separar para sumar, 176–177, 237–240, 249–252, 397–400
suma 3 de dos dígitos, 297–300
suma 3 de un dígito, 181–184
suma 4 de dos dígitos, 303–306

T

Tabla con los números hasta el 100, 10, 55
Tablas de conteo, 653–656, 659, 666–667

Tercios, 747–750, 753–756, 759–762, 561–768
Tiempo
a. m. y p. m., 527–530
decir la hora, 509–512, 515–518, 521–524, 527–530
mediodía y medianoche, 528
relojes
analógicos, 509–512, 515–518, 521–524, 527–530
digitales, 510–512, 516–518, 521–523, 527–529
Tipos de problemas, para problemas
Compara
Diferencia desconocida, 190, 206–208, 214, 231, 232, 326, 338, 356, 366–367, 372, 384–386, 412, 423, 439, 648, 654–656, 659–662, 672, 674, 680
Lo más desconocido, 343, 642
Lo menos desconocido, 319, 332, 367, 447, 612
Juntar/Separar
Los dos sumandos desconocidos, 246, 264, 282, 311, 380, 448, 606, 662, 768
Suma desconocida, 152, 156, 166, 169, 172, 175, 178, 184, 187, 190, 193, 196, 205, 207–208, 212–214, 230, 233, 237, 240, 246, 252, 255, 258, 261, 264, 267, 273–274, 276, 282, 287–288, 292–294, 297, 300, 303, 306, 310–312, 326, 356, 377, 379, 385, 387, 394, 400, 403, 406, 409, 412, 415, 418, 434–436, 452, 566–567, 595, 598, 622, 636, 655–656, 661–662, 671–674, 677, 680, 692
Sumando desconocido, 155, 184, 208, 212–213, 232, 252, 286–287, 292, 332, 347, 367, 374, 385–386, 422, 430, 433, 442, 448, 692
Quitar
Cambio desconocido, 187, 213, 320, 326, 371, 373, 427, 430
Inicio desconocido, 338, 373, 424
Resultado desconocido, 159, 187, 190, 199, 205–207, 212, 229, 313, 320, 323, 329, 332, 335, 338,

341, 344, 348, 350, 353, 359, 362, 365, 367–368, 372, 379, 384–386, 394, 421, 423–424, 430, 433, 436, 445–446, 453, 565–567, 621–623, 642

Suma
Cambio desconocido, 285, 378
Inicio desconocido, 213, 293
Resultado desconocido, 153, 154, 163, 172, 178, 184, 214, 230, 237, 243, 252, 264, 270, 279, 286–288, 291, 300, 306, 310, 320, 326, 359, 368, 377, 379–380, 391, 623, 674

Triángulos, 723–726, 729–732, 735–738, 551–750, 753

U

Unidades de medida. Ver Longitud
Usa diagramas, 726, 732, 768
Usa el razonamiento, 22, 143, 213, 327, 544
Usa gráficas, 661
Usa modelos, 470, 517

V

Valor posicional,
comparar números usando, 141–144
en estimación, 141–144
números de 2-dígitos, 25–28, 31–34, 37–39, 43–46
números de 3-dígitos, 75–78, 81–84, 87–90, 93–96, 99–102, 105–108, 111–113, 117–120, 123–126
y patrones de conteo, 123–126, 129–132

Verifica el razonamiento de otros, 270
Vértice/Vértices, 711–714, 723–726
Vocabulario
Desarrollo del vocabulario, 11, 73, 161, 235, 315, 389, 465, 539, 601, 651, 703
Juego de vocabulario, 12A, 74A, 162A, 236A, 316A, 390A, 466A, 540A, 602A, 652A, 704A
Repaso del vocabulario, 11, 73, 157, 161, 235, 315, 389, 461, 465, 539, 601, 651, 703
Tarjetas de vocabulario del capítulo, Al inicio de cada capítulo.